Primera edición: octubre 1997
Octava edición: enero 2007

Dirección editorial: María Castillo
Coordinación editorial: Teresa Tellechea
Diseño de cubierta: Alfonso Ruano, Olga Pérez y César Escolar

Impresores, 15 - Urbanización Prado del Espino
28660 Boadilla del Monte (Madrid)

CENTRO INTEGRAL DE ATENCIÓN AL CLIENTE
Tel.: 902 12 13 23
Fax: 902 24 12 22
e-mail: clientes@grupo-sm.com

Depósito legal: M-404-2007
ISBN: 978-84-348-5655-4
Preimpresión: Grafilia, SL
Impreso en España / *Printed in Spain*
Orymu, SA - Ruiz de Alda, 1 - Pinto (Madrid)

pictogramas en cuento para

jugar al escondite

Texto e Ilustraciones: Roser Rius

sm

UN CUENTO
PARA JUGAR AL ESCONDITE

 ,  ,  y 

están jugando en la  .

A  le toca contar, de 

a la  . Cuenta hasta diez

cuatro veces (no sabe más) y luego

empieza a buscar.

De pronto, debajo de un 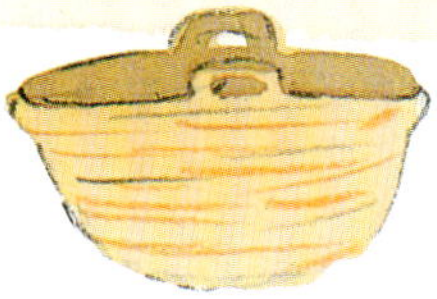

ve asomar el 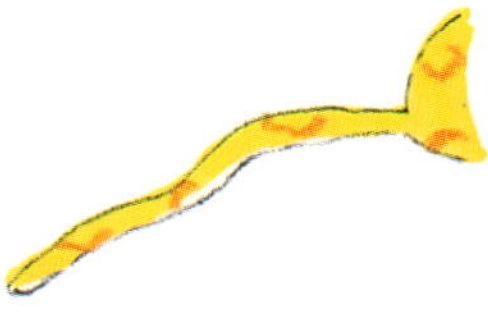 de .

—Tin, tan, veo a  —dice, pero

cuando levanta el , debajo sólo

aparece una .

Ni rastro de .

Detrás del  asoman las  de , pero cuando  se acerca sólo ve la  de un .

—A las dos y a la una, ya te tengo,

 —dice  por decir algo,

porque en realidad no ha encontrado

a nadie.

Por la  la  asoma

la  y le sonríe.

, sentado en el 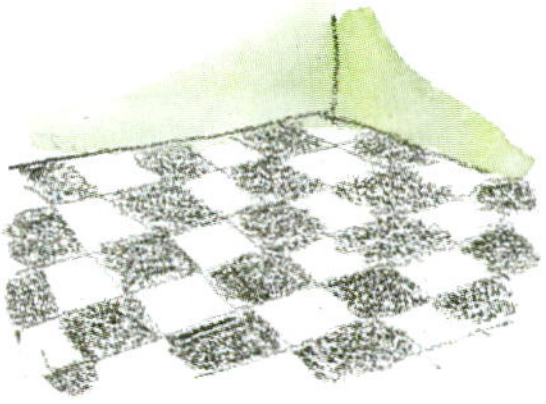, está

a punto de llorar cuando ve moverse

ligeramente una .

—, ,  aquí están

—dice  victorioso descorriendo

rápido la .

—Ahora le toca a  —dice  —,

, porque es la primera que he visto.

Todos buscan un buen escondite

mientras  cuenta hasta cuarenta.

 se mete en un  ; en él

encuentra un viejo , un extraño

 y un gran 

de  .

—Veo, veo, creo que sé

dónde está  —dice .

Abre la  del 

y se encuentra a un viejo .

¡Qué susto!

—Sí, soy yo —dice 

saliendo del .

Los dos siguen buscando por todos

los rincones. 

—¡Adelante, a ver si encontramos

a  ! —dice  .

Miran dentro de un  .

Debajo de un montón de  está

 con un 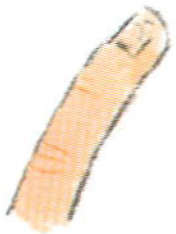 debajo de la  .

—¡Atchíss! ¡Ya no me podía aguantar,

el polvo me hace estornudar!

—dice  saliendo del 

a toda prisa.

—¿Y , dónde se esconde ?

—pregunta .

Mira hacia el 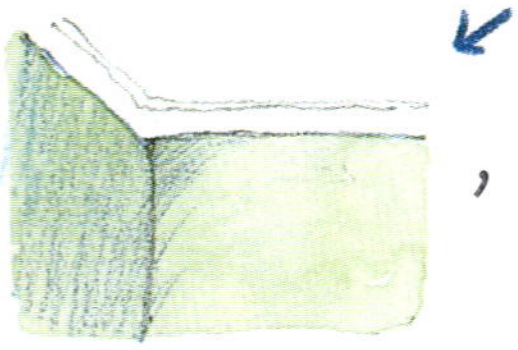, detrás de la ,

debajo de la 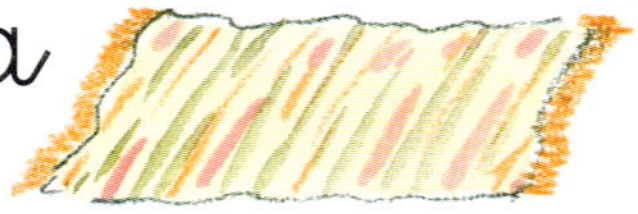 y  no está.

–¡He buscado por toda la ,

sólo me queda mirar en la !

Y ahí está  muerto de frío.

–¡Qué suerte que me has encontrado,

creo que me he resfriado! –dice 

sacando un gran  del .

—Ahora te toca a ti, 

—gritan todos, y corren a esconderse.

 es un poco granuja

y se tapa los  con las  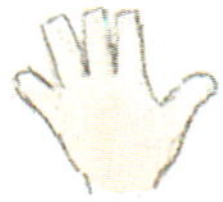

mientras sigue mirando entre los 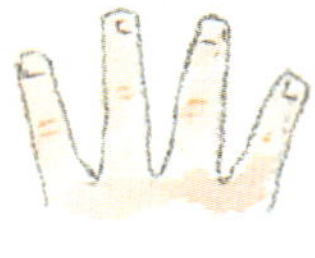.

Así ve cómo 

se esconde detrás

de un , 

dentro de un 

y  debajo de la .

—Un, dos, tres,  ; un, dos, tres,

 ; un, dos, tres, 

—dice  muy rápido.

—No vale, eres un tramposo,

has mirado —dicen todos a la vez,

saliendo de sus escondites.

—No es cierto, no he mirado —dice ,

pero lo dice con la  chica,

y vuelve a contar, esta vez

de 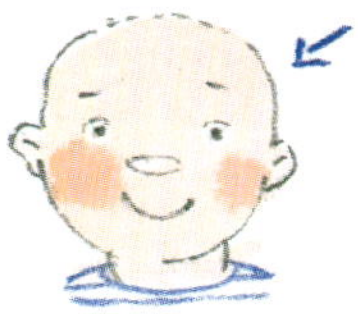 a la , hasta cuarenta.

Después busca en la 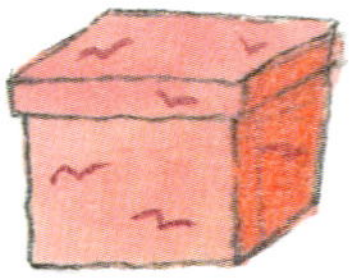

de viejos . No están...

En el 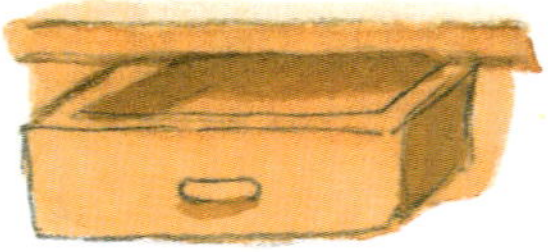 de la . No caben...

Detrás del . No hay nadie...

Dentro de la vieja . Está vacía...

Colgados de la . Sólo hay 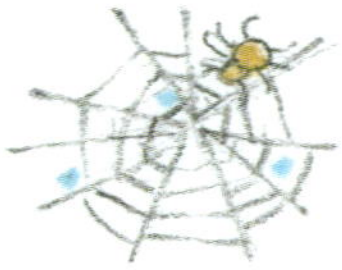.

En el 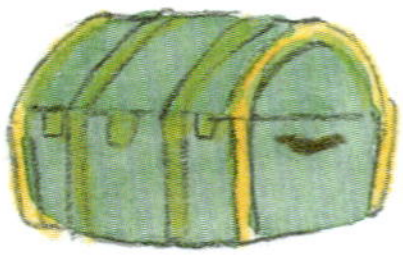, en el , detrás

de la , dentro de la ,

debajo de la . No están, no

están, no están.

—ME RINDO —grita ,

de pie en medio de la habitación.

Detrás de él, pegaditos a su ,

están ,  y .

Ya has visto cómo se juega al escondite, pero hay otros juegos de esconder: "el gavilán", "el escondite inglés", "frío, frío, caliente, caliente", "la zapatilla por detrás"...
Aquí puedes ver cómo se juega a "la zapatilla por detrás", pero seguro que tus padres y abuelos te pueden enseñar muchos más.

TRIS, TRAS

A la zapatilla por detrás, tris, tras,
ni la ves ni la verás, tris, tras.
Mirad para arriba,
que caen judías;
mirad para abajo,
que caen garbanzos.
Manos adelante,
que viene el comandante;
manos atrás,
que viene el capitán.
A dormir, a dormir,
que los reyes van a llegar
y un regalo van a dejar.

VOCABULARIO

abrigo
ABRIGO

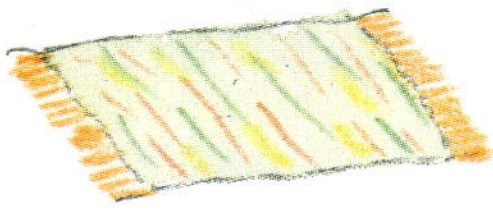

alfombra
ALFOMBRA

armario
ARMARIO

barril
BARRIL

baúl
BAÚL

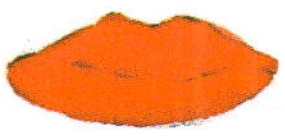

boca
BOCA

bolsillo
BOLSILLO

buhardilla
BUHARDILLA

cabeza
CABEZA

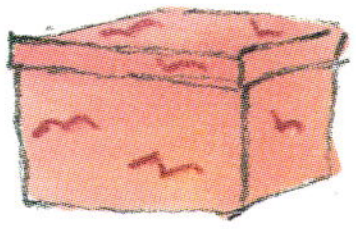

caja
CAJA

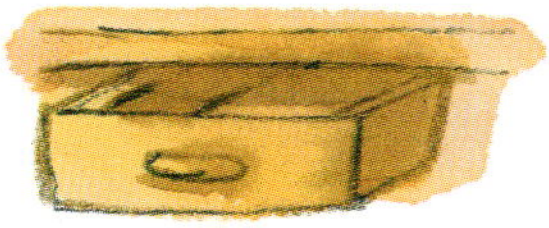

cajón
CAJÓN

cama
CAMA

cara
CARA

casa
CASA

cesto
CESTO

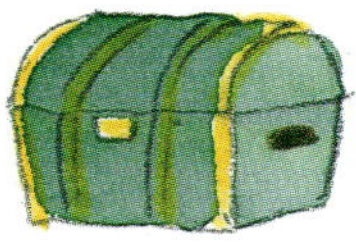

cofre
COFRE

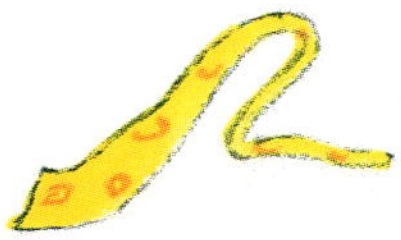

corbata
CORBATA

cortina
CORTINA

chimenea
CHIMENEA

Dante
DANTE

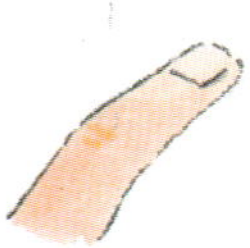

dedo
DEDO

dedos
DEDOS

Dunia
DUNIA

espejo
ESPEJO

general
GENERAL

guante
GUANTE

Juan
JUAN

juguetes
JUGUETES

lámpara
LÁMPARA

luna
LUNA

maniquí
MANIQUÍ

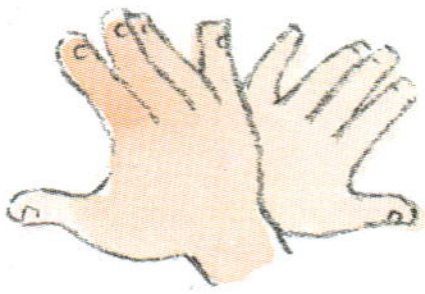

manos
MANOS

mesa
MESA

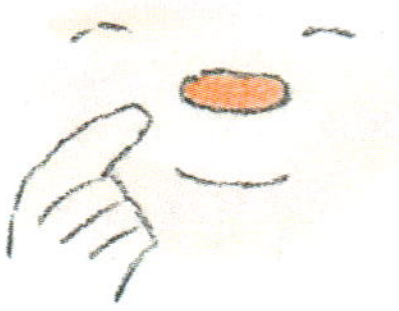

nariz
NARIZ

Nelo
NELO

nevera
NEVERA

ojos
OJOS

oreja
OREJA

pañuelo
PAÑUELO

pared
PARED

perchero
PERCHERO

pirata
PIRATA

puerta
PUERTA

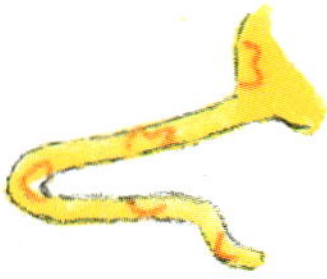

rabo
RABO

sable
SABLE

sombra
SOMBRA

sombrero
SOMBRERO

suelo
SUELO

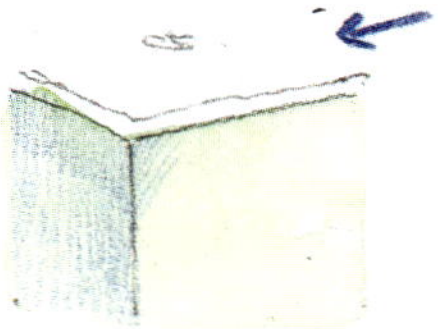

techo
TECHO

telarañas
TELARAÑAS

terraza
TERRAZA

trajes
TRAJES

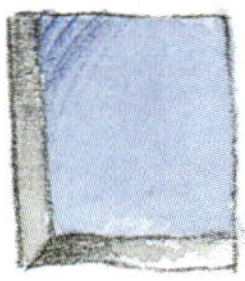

ventana
VENTANA